Coordination éditoriale : Céline Potard
Maquette : Estelle Chandelier

www.editionsmilan.com

ISBN : 978-2-7459-2903-7
Dépôt légal : 3e trimestre 2007
Imprimé en France par Pollina - N° L44109

Comment zigouiller les poux ?

Amélie Sarn
Estelle Chandelier

**Bien les connaître
pour mieux
s'en débarrasser**

C'est la rentrée !
À l'attaque !

MILAN
jeunesse

sommaire

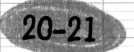

Ça gratte, c'est la rentrée:

Youpi ! C'est la rentrée ! Hé, hé, hé ! On va se régaler !

Vous préfériez les vacances, les balades à la montagne, la plage, le foot avec les copains ? Mais pour nous, les **poux**, la rentrée, c'est un des plus beaux jours de l'année !

Nous ADORONS vos petites têtes !

Et surtout vos cheveux où on peut s'accrocher, gambader, s'amuser...

Et... manger ! Miam !

POU DE TÊTE
Insecte qui vit dans les cheveux des humains.

Seulement, vous avez une sale manie !
Alors que nous sommes bien tranquilles sur vos têtes,
vous n'arrêtez pas de vous **gratter**. C'est vraiment désagréable !
Vous ne pourriez pas nous fiche un peu la paix ?

bonjour les poux !

Peu importe ! Aujourd'hui, je suis si content que je préfère oublier vos défauts.

J'imagine déjà les **promenades** que je vais faire, d'une tête blonde à une rousse, d'une châtaine à une brune… d'une douce écharpe rose à un bonnet de laine vert !

SAUTE-MOUTON !

Les poux passent de tête en tête. Ils se transmettent aussi par les vêtements ou les brosses à cheveux.

Allez ! Je pars tout de suite avec ma petite famille… J'entends déjà vos voix, vos rires, vos cris alors que vous entrez dans la cour et, soudain, j'ai terriblement **faim** !

À moi l'aventure !

QU'EST-CE QU'UN POU ?

Coucou ! Je suis encore là !

Voilà ! Mes amis, ma famille et moi sommes **installés**. C'est chouette ! Je suis fatigué… j'ai trop mangé ! Burp ! Je profite de ma pause pour vous parler de moi !

INSECTE

Les insectes composent 80 % des espèces animales.

D'abord, nous, les poux, sommes des insectes. Comment le savons-nous ?

Parce que nous avons 6 pattes !

Et aussi 2 antennes !

Un drôle de parasite

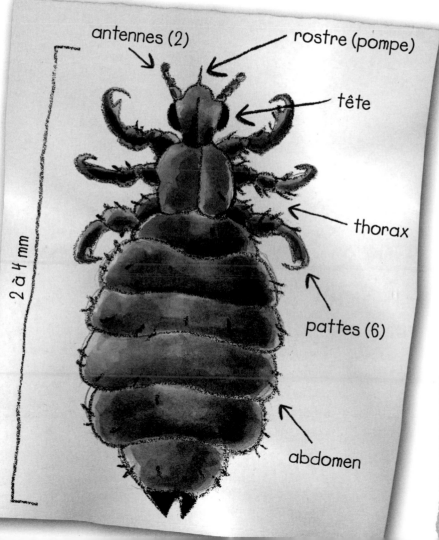

antennes (2)

rostre (pompe)

tête

thorax

pattes (6)

abdomen

2 à 4 mm

Et comme tout **parasite**,
nous vivons grâce
à un autre organisme,
c'est-à-dire vous,
chers humains !

Merci, les enfants,
pour votre
hospitalité !

Les parasites :

Hé, mais attention, d'autres profitent aussi de vous !

Des copains **parasites**, on en a plein, de toutes les tailles. Allez, je vous en présente quelques-uns. Ils aiment autant les animaux que les humains. Vous verrez, on n'est pas les plus vilains…

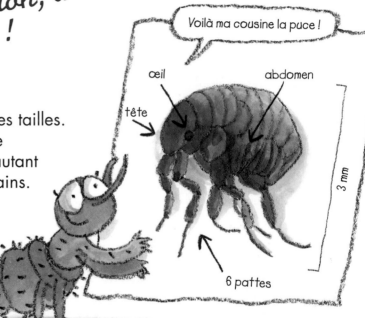

Voilà ma cousine la puce !

œil

abdomen

tête

3 mm

6 pattes

CHAMPIONNE

La puce peut sauter 20 cm en hauteur et 35 cm en longueur.

Petites mais envahissantes, les **puces** pondent dans toute la maison. Elles se reproduisent vite ! Ces suceuses de sang **sautent** partout pour vous piquer. Aïe, ça démange !

des profiteurs

Certains **acariens** sont encore plus redoutables !
Dans les bois, la **tique** attaque sans prévenir.
Elle rentre son rostre dans votre peau
et vous pompe le sang. Elle peut
transmettre des **maladies** graves.

> Bien fixée,
> je mange et grossis
> à vue d'œil...
> Blurp !

> Euh... petite précision :
> moi, la tique, j'ai 8 pattes !
> Et je n'ai ni ailes ni antennes.

> Je guette mes proies
> dans les hautes herbes, et hop !
> je leur tombe dessus...

L'été, dans le gazon,
les larves d'**aoûtats**
piquent. Leur salive
crée des **boutons**
qui grattent fort !

UN LONG REPAS

Le repas de la tique dure de 7 à 9 jours.
Puis, gorgée de sang, elle se laisse tomber sur le sol.

*Vous voyez,
on n'est pas les pires !*

13

Les enfants...

Je vous entends d'ici :
pourquoi on ne va
presque jamais
sur la tête des parents ?
C'est quand même injuste !

Vous êtes souvent ensemble,
vous, les enfants.
Du coup, pour passer
de l'un à l'autre,
on n'a qu'à **s'accrocher**
à vos cheveux.
Bref, vous êtes
des **proies** idéales !

Moi, j'adoooore les enfants !

patte

crochet

Avec nos **super-griffes**, on se déplace
comme sur des lianes !

PEAU GRASSE

La peau des adultes
sécrète une substance
grasse, le sébum,
que les poux
n'apprécient pas.

*Votre cuir chevelu
est moins gras que celui
des grandes personnes !*

*Ah oui !
Et bien plus tendre !*

14

des proies de choix

Vous croyez que je suis champion de saut ?
Eh non ! Ni à la perche, ni à l'élastique ! En revanche,
je suis très fort à la **course**. Je peux parcourir
23 centimètres en 1 minute ! Mais ce que vous ignorez,
c'est que je suis... **résistant à l'eau** !

À la piscine

On adore que vous alliez à la piscine.

Surtout si vous vous baignez sans bonnet !

Un bon bain, ça fait du bien !

RESPIRATION

Le pou respire par des pores qui se ferment dans l'eau, lui évitant la noyade.

Vous pensiez vous débarrasser de nous avec une douche ? C'est raté !

Les lentes...

Au fait, les lentes, vous savez ce que c'est ?

C'est simple, ce sont des **œufs**. Ma mère en pond de 5 à 10 par jour pendant 1 mois. Ça fait jusqu'à 300 **lentes** pour une seule mère !
Après, elle meurt, mais nous, nous sommes drôlement vigoureux.

> Je les colle sur les cheveux des enfants avec de la glu très forte... Hi, hi, hi !
> Même avec un peigne, difficile de s'en débarrasser !

> Chouette ! Dans environ 4 à 10 jours, mes petites lentes vont éclore !

> Les lentes, ce sont de jolis œufs bruns et brillants.

TÊTE COUVEUSE

L'éclosion des œufs est facilitée par l'humidité et la température sur le crâne.

pourquoi ça gratte ?

Dès la sortie de l'œuf, les petits poux passent tout de suite **à table** ! D'ailleurs, si tu veux savoir, quand ça te **gratte**, c'est que nous faisons un bon repas ! En effet, pour manger, nous **mordons**…

À TABLE !

Un pou peut mordre 4 fois par jour. Son repas dure 30 minutes.

D'abord, une p'tite piqûre avec injection de salive pour liquéfier le sang.

On se régale tranquillement… Shlurp ! Shlurp !

Certains d'entre vous ne se grattent pas, mais d'autres ne supportent pas notre **salive**… Dès qu'on a fini de manger, elle se mélange au sang et… ça démange…

… pas de chance !

17

Les poux à travers les âges

Au temps des cavernes, il y avait déjà des poux !

Depuis longtemps, nous sommes vos plus fidèles compagnons. La preuve : des chercheurs ont trouvé des **lentes fossilisées** dans une grotte. Grâce à cette découverte, ils savent qu'on était déjà dans vos cheveux **7 000 ans avant J.-C.** !

Dans l'Égypte ancienne

Au Moyen Âge

Sous Louis XIV

Les prêtres égyptiens se rasaient tout le corps pour ne pas avoir de poux quand ils se présentaient devant les dieux.

À l'époque médiévale, il était mal vu de se gratter en public ! Aussi, des épouilleuses chassaient les poux.

Les dames de la cour se grattaient la tête en glissant de longues aiguilles sous leur perruque poudrée !

et sur tous les continents

En fait, confortablement installés dans les chevelures de vos ancêtres, nous avons commencé notre voyage il y a **2 millions d'années**. Nous en avons vu du pays ! Du nord au sud et de l'est à l'ouest, nous nous sommes éparpillés sur tous les **continents**.

19

On nous fuit...

Y en a marre !

On vous suit partout et vous faites tout pour **échapper** à nos griffes. C'est pénible à la fin !

La maman de Lise lui tresse les cheveux pour nous empêcher de nous installer.

Le papa de Tom lui interdit de prêter son bonnet à ses copains... C'est nul ! On ne peut plus se balader...

Certains enduisent les cheveux de produits répulsifs pour nous faire fuir !

Non aux têtes rasées !

Arrêtez de nous affamer !

On veut des cheveux touffus !

MANIFESTATION

NON

NON au GEL

TÊTE RASÉE

Dans les années 1900, on rasait la tête des enfants pour éviter les poux.

On nous traque !

Pire encore ! Dès que vous vous grattez la tête, vos parents veulent nous zigouiller.
Ils inspectent vos cheveux **mèche par mèche**, de la racine à la pointe, regardent bien derrière vos **oreilles** ou dans le creux de votre **nuque**…

LENTES MORTES

Une fois écloses, les lentes vides sèchent et blanchissent. Elles restent accrochées aux cheveux.

Oh ! tu as des lentes. Mouille-toi la tête…

Maman ! J'ai la tête qui gratte !

Viens sous la lampe que je regarde tes cheveux… Je vais te les passer au peigne fin pour voir si tu as des poux.

Tiens, regarde, j'en ai trouvé un !

Bah ! C'est dégoûtant !

Attention, seule la moitié des enfants ressent des **démangeaisons**.
Même quand ils ne se grattent pas, les parents doivent leur **vérifier** la tête pour voir s'il y a des poux…

Sauve qui peut !

21

Conseils pour

Tout est bon pour nous éliminer !

Sprays, shampooings, lotions, vous passez votre temps à essayer de nous **faire disparaître**. Et vous ne manquez pas d'imagination !

Certains utilisent de l'**huile alimentaire**. Étalée sur les cheveux, elle nous empêche de respirer. Pire, pour décoller les lentes, on vous rince les cheveux au **vinaigre** !

D'autres se servent du **peigne électrique**. Cet engin de torture à piles nous détecte et nous **électrocute**. Les poux adultes meurent, mais pas les lentes.

Il ne manque plus que la moutarde pour faire une bonne vinaigrette.

Heureusement, vos remèdes de grand-mère ne sont pas très efficaces.

Il faut le passer chaque jour pendant 2 semaines, sinon vous ne nous aurez pas ! Tralala !

Biz Biz Biz

Zigouiller les poux !

Pour vous débarrasser complètement de nous, vous devez **décontaminer** tout votre **environnement**. Là, vous mettez la dose !

Vous **vérifiez** les têtes de **toute la famille**. Et hop ! vous traitez tous ceux qu'on a envahis.

Comme nous nous cachons dans les pulls, les écharpes, les bonnets, la literie... vous **lavez tout à 60 °C** !

Certains placent même les **doudous** quelques heures au **congélateur**.

À l'aide !

Ça va pas, non ? On n'est pas des ours polaires !

Vous en avez encore des conseils de ce genre ?

23

Les produits

Super-pou... hyper-résistant !

À force de résister à vos produits, nous sommes devenus des **super-poux** !
Mais les scientifiques cherchent toujours des **remèdes** pour lutter
contre la **pédiculose**.

Pyrèthre, **Malathion**, **Ivermectine**... sont les molécules des principaux
produits anti-poux que vous achetez pour nous anéantir :

Même si nous sommes costauds, nous n'y résistons pas longtemps...

Après une ou plusieurs applications de ces produits, nous mourons empoisonnés ou étouffés.

Ils tuent aussi nos lentes !

Puisqu'il faut mourir, autant vous le dire : certains de ces produits sont aussi toxiques pour vous !

DANGER

Depuis les années 1950, on utilise du LINDANE pour tuer les poux. Mais ce produit est dangereux pour les humains.

qui tuent

Les chercheurs ont trouvé des **solutions efficaces** contre les poux. Elles sont surtout plus **douces** pour les enfants.

Des produits **biologiques** à base **d'huiles végétales** (lavande, géranium, basilic, noix de coco…) recouvrent les poux et les asphyxient.

Ces lotions et shampooings sont **sans danger pour la santé des humains**. Ils n'irritent pas le cuir chevelu, permettent de passer facilement le peigne à poux dans les cheveux et ne polluent pas **l'environnement**.

Quoi ? Il vous faut de la douceur en plus ! La nature est trop injuste !

TRAITEMENT

Quel que soit le produit choisi, le traitement doit être renouvelé pour soigner la pédiculose.

Adieu chers enfants ! Je meurs !!!

Tralala...

Vous parlez tout le temps de nous. Et parfois, vous chantez des **chansons** en notre honneur ! Vous la connaissez, celle-ci ?

Je suis une vraie star !

Une puce, un pou
Assis sur un tabouret
Jouaient aux cartes
La puce perdait

La puce en colère
Attrapa le pou
Le flanqua par terre,
Lui tordit le cou

Madame la puce
Qu'avez-vous fait là ?
J'ai commis un crime
Un assassinat !

les poux !

À l'école, je suis sûr que votre maîtresse vous parle de nous, pendant les **leçons de français**.

Il vous arrive de vous comparer à nous en employant des **expressions idiotes** comme :

Dis donc !
Il ne faudrait pas oublier de travailler !
Vous apprendrez par cœur :
pou prend un *x* au pluriel...
comme chou, genou, caillou,
hibou, joujou, bijou...

choux
genoux
cailloux

« Moche...
comme un pou »

ou encore

« Chercher des poux
dans la tête de quelqu'un* »
* Faire exprès de l'embêter.

Et si on inventait...

Plus collant qu'un pou :
pour quelqu'un
qui ne veut pas s'éloigner de toi.

Content comme un pou
sur la tête d'un enfant :
pour quelqu'un qui est très joyeux.

Un appétit de pou :
pour quelqu'un
qui mange tout le temps.

Et maintenant, à votre tour !

27

Si on jouait au quiz

Si vous avez bien suivi, répondez donc à mes questions !

1

Nous existions déjà au temps des hommes des cavernes.
Vrai ou Faux

Vrai. Les chercheurs ont trouvé des lentes fossilisées qui dataient de plus de 7 000 ans avant J.-C. !

2

Comme les vampires, nous buvons du sang humain.
Vrai ou Faux

Vrai. Nous sommes des parasites. Nous vivons aux dépens de l'homme et nous nous nourrissons de son sang.

3

Nous sommes des champions de saut en hauteur.
Vrai ou Faux

Faux. Nous ne sautons pas mais nous courons très vite.

Heu ...

4

Nous craignons l'eau.
Vrai ou Faux

Faux. Nos pores, qui se ferment au contact de l'eau, nous évitent de nous noyer. Tu ne te débarrasseras pas de nous en prenant une douche.

5

Nous avons des griffes, comme les tigres !
Vrai ou Faux

Vrai. Nos super-griffes nous sont bien utiles pour nous accrocher dans vos cheveux.

28

du pou ?

7

998, 999 et 1 000... pff...

Une maman pou pond plus de 1 000 lentes par jour.
Vrai ou Faux

Faux. Elle pond entre 5 et 10 lentes par jour.
C'est bien suffisant pour vous empoisonner la vie.

6

Nous avons 6 pattes.
Vrai ou Faux

Vrai. Nous sommes des insectes,
donc nous avons 6 pattes.

8

Trop chaud !

Nous préférons les pays chauds.
Vrai ou Faux

Faux. Nous sommes présents
sur tous les continents,
du nord au sud, de l'est à l'ouest.

9

Quand il a des poux,
un enfant
se gratte toujours.
Vrai ou Faux

Faux. Seule la moitié des enfants
ressentent des démangeaisons
quand ils ont des poux.

Non, tout va bien...

10

La pédiculose
est une maladie
des pieds.
Vrai ou Faux

Faux. C'est le nom de
l'infestation par les poux.

Je n'ai plus de secrets pour vous !

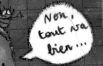

29